Mia

Yuko

Mo

Lyria

[sprich: Lüria]

Onchao

[sprich: Ontschau]

THiLO

Das kleine Einhorn

Ravensburger

Bibliografische Information der Deutschen Nationalbibliothek:
Die Deutsche Nationalbibliothek verzeichnet diese Publikation
in der Deutschen Nationalbibliografie.
Detaillierte bibliografische Daten sind im Internet
über http://dnb.d-nb.de abrufbar.

1 3 5 4 2

www.youtube.com/CentopiaTV
www.mia-and-me.com

Text: THiLO
Umschlaggestaltung: Produktmacherei, Stefanie Hahn
Inhalt: PrePressPro, Kirsten Küsters

Alle Rechte dieser Ausgabe vorbehalten durch
Ravensburger Verlag GmbH
Postfach 2460, 88194 Ravensburg

Printed in Germany
ISBN 978-3-473-49193-3
www.ravensburger.de

Inhalt

Endlich Ferien!
Oder doch nicht?

Mia hat beste Laune. Sie fährt mit
ihrer Tante Annie durch Italien.
Das Autodach ist offen und die Sonne
strahlt. Mia hat die Schule vergessen,
sobald sie vom Parkplatz gefahren
waren. Jetzt sind schließlich Ferien!
Und Mia hat selbst dafür gesorgt,
dass es die besten Ferien aller Zeiten
werden. Sie hat ganz allein einen
Urlaub auf einem Reiterhof organisiert.
Jeden Tag will sie dort reiten, Pferde
pflegen und vielleicht sogar ein
bisschen Voltigieren lernen.

Hupend biegt Annie auf den Hof
des Gestüts. Ein Huhn flattert
erschrocken davon.
Mia steigt aus und holt ihre Tasche aus
dem Kofferraum. Natürlich vergisst sie
auch den Rucksack nicht. Darin ist
das Buch, mit dessen Hilfe Mia nach
Centopia reisen kann.

Tante Annie schaut ein wenig verdattert drein, als Mia sich verabschiedet.

„Komm, ich helfe dir noch beim Einchecken", schlägt Annie vor.

Mia rollt mit den Augen. „Klar! Weil ich auch ständig meinen Namen vergesse. Wie war er noch mal? Mina? Myrna?"

Ihre Tante lacht. „Na, sicher kommst du klar. Tut mir leid, dass ich das ständig vergesse."

Sie küsst Mia auf die Wange.

„Viel Spaß!", ruft sie und steigt wieder ins Auto.

Mia winkt ihr noch kurz nach. Dann geht sie zur Rezeption. Sie war ganz aufgeregt vor Vorfreude. Doch dieses Gefühl hält nicht lange an.

„Es tut mir wirklich sehr leid, aber wir sind komplett ausgebucht", sagt **Herr Monty**. Er ist der Besitzer des Reiterhofs. „Ich habe keine Reservierung auf Deinen Namen", fährt er fort.

Mia schüttelt den Kopf. „Nein, nein, nein, hier muss ein Fehler vorliegen", ist sie sich sicher.

„Können Sie bitte noch mal nachsehen?" Herr Monty findet Mias Reservierung tatsächlich – aber erst für den folgenden Monat. Mia hat sich bei der Online-Anmeldung verklickt.

So sehr sie auch bettelt, es nützt nichts. Es gibt kein einziges freies Bett mehr. Nicht einmal auf dem Heuboden ist noch Platz.

Verzweifelt ruft Mia ihre Tante an.
Doch Annie geht beim Autofahren
nicht ans Handy.
Da spürt Mia einen **Stupser** an der
Schulter. Hinter ihr auf der Koppel
steht ein Pferd.
Sofort wird Mias Laune ein bisschen
besser.
„Du willst gestriegelt werden, hab ich
recht?", fragt sie. Das Pferd wiehert.
Es ist ein haselnussbrauner Haflinger
mit weißer Blesse.
Mia öffnet das Gatter und geht zu einem
Eimer neben dem Futtertrog. Wie sie
vermutet hatte, liegt eine Bürste darin.
Doch als Mia sich umdreht, ist das Pferd
ausgebüxt. Sie sieht es gerade noch im
Wald verschwinden.

So schnell sie kann, rennt Mia hinterher.
Sie hätte sich ohrfeigen können! Mitten
im Wald entdeckt sie ein schönes Haus.
Es steht ganz allein auf einer großen
Lichtung.
In dem großen Gemüsegarten hockt ein
Mädchen und erntet Karotten.
„Hast du ein Pferd gesehen?",
fragt Mia hoffnungsvoll.
Doch das Mädchen schüttelt den Kopf.
„Nein, ich habe nichts gesehen."
Mia schaut sich ein wenig um. Zum
Haus gehört ein riesiger Garten.
Plötzlich hört sie ein Pferd wiehern.

Aufregende Neuigkeiten

Mia läuft zum Stall neben dem Haus.
Als sie die Stalltür öffnet, muss sie
lachen. Der Ausreißer hat sich hier drin
versteckt! Das Pferd kaut genüsslich
auf frischem Heu herum. Mia streichelt
es nur kurz, dann blinkt ihr Armreif auf.
Centopia ruft! Mia geht in eine Ecke
des Stalls und holt ihr großes Buch
aus dem Rucksack.
Ehrfurchtsvoll streicht Mia mit den
Fingern über das prächtige Buch.
Es enthält uralte Legenden über
Centopia. Ihr Vater hatte es für sie
gemacht, bevor er und ihre Mutter
spurlos verschwanden.

Mia hockt sich ins Stroh und schlägt das Buch auf. Es ist in **Elfen-Runen** geschrieben. Doch Mia kann sie mittlerweile genauso gut lesen, wie normale Buchstaben.

Blitzschnell hat sie das neueste **Orakel** entziffert.

„Wie lautet dein Passwort?",
fragt das Armband, als Mia auf den **Kristall** drückt.

Mia holt tief Luft und sagt:

**„Kümmere dich um das Kleine,
tapfer und froh,
überrascht es mit Kräften
so mächtig und roh."**

Augenblicklich setzt ein **Wirbel** ein.

Alles um Mia herum verschwindet: der Stall, das Pferd, sogar der ganze Wald.

Dafür blitzen grelle Lichter auf. Mia saust durch einen Tunnel aus purem Licht. Wie in einer Wasserrutsche im Schwimmbad wird sie darin herumgeschleudert. Auf halbem Weg beginnt die Verwandlung. Mias normale Kleidung ist verschwunden. Dafür trägt sie nun ein pinkfarbenes Kleid. Ihre Haare haben beinahe die gleiche Farbe. Die größte Veränderung aber tut sich auf Mias Rücken. Dort sitzen nun vier schmale Flügel, wie bei einer Libelle. Mia probiert sie sofort aus. Am Ende des Tunnels leuchten schon die Farben Centopias. Mia fällt ein Stück durch den Himmel. Doch mit ihren Flügeln kann sie sich abfangen.

Mia fliegt zum Elfenpalast. Dabei kann sie sich an der Umgebung gar nicht sattsehen.

„Es ist wirklich schöner als jemals zuvor", murmelt Mia in sich hinein. „Es ist so gut, wieder hier zu sein …"

In diesem Moment ruft jemand hinter Mia ihren Namen.

„Mia!"

Mia erkennt die Stimme, noch bevor sie sich umdreht. Sie gehört Raynor, dem Elfenkönig. Er sitzt mit seiner Frau im königlichen Ballonthron. „Du kommst genau richtig. Wir haben aufregende Neuigkeiten: Lyria bekommt ein Baby!", platzt König Raynor heraus.

Die Zeit wird knapp

Die Nachricht trifft Mia wie ein
Blitzschlag. Lyria bekommt ein Baby!
Onchao wird ein großer Bruder!
Mia kann nicht anders. Vor lauter
Begeisterung muss sie einen
Freuden-Looping fliegen.
„Lyria bekommt ein Baby!", ruft Mia.
König Raynor und Königin Mayla
lachen herzlich. Wo Lyria sich aufhält,
können sie Mia allerdings auch nicht
sagen. Das ist aber auch gar nicht nötig.
Mia ist klar, dass sich ihre Freunde
bereits um das trächtige Einhorn
kümmern. Also tippt sie auf ihren
Freundschaftsring. Sofort wird
der Schmetterling darauf lebendig.

Abwartend tanzt er vor Mias Gesicht
auf und ab.

„Bring mich zu Yuko und Mo.
Und bitte so schnell du kannst,
Schmetterling", kommandiert Mia.

Der Schmetterling fliegt sofort los. Mia
folgt ihm. Dabei blickt sie aufmerksam
nach unten. Jetzt hat sie keinen Blick
mehr für die bunten Felsen, die Blumen,
Bäume und Wasserfälle Centopias.
Mia hat nur Augen für Lyria.
Sie fliegt über viele Einhörner hinweg.
Doch auch von Weitem würde
sie Lyria niemals mit einem von
ihnen verwechseln.
Endlich erkennt sie in der Ferne
Mo und Yuko. Sie knien im Gras.
Zwischen ihnen liegt Lyria.
„Wann ist es denn so weit?",
fragt Mia als Erstes.
Heute ist keine Zeit für ausgiebige
Begrüßungen.
Mia landet neben Lyria. Yuko umarmt
sie kurz. Mo nickt Mia nur zu.

Das Einhorn hebt den Kopf. Mia nimmt
ihn in beide Hände. Dann legt sie ihre
Wange auf Lyrias Schnauze.
Das Einhorn wiehert. Doch Mia hat
eine einzigartige Gabe: Sie kann
die Sprache der Einhörner verstehen.
„Jetzt? Dein Baby kommt jetzt?", fragt
Mia erschrocken nach.
Lyria wiehert zustimmend.

Mia aber ist kurz vor einer Panik. Alle Einhörner bringen ihre Kinder in der Geburtsgrotte zur Welt. Und der Weg dorthin ist nicht gerade kurz.

„Ein paar Tage zu früh. Du meine Güte! Der Vater wird es verpassen", stöhnt auch Yuko.

Mo kratzt sich am Kinn. „Ono wird nicht sehr glücklich darüber sein", ist er sich sicher. Mo seufzt und erklärt: „Ono ist unterwegs als König der Einhörner, aber eine Sache kann auch er nicht kontrollieren: die Geburt seines Kindes."

Lyria erhebt sich mühsam und kommt auf die Beine. Jetzt sieht auch Mia ihren kugelrunden Bauch. Mia legt sanft ihre Hände darauf. Lyria wiehert leise – und Mia versteht, was sie sagt.

„Sie kann nicht mehr lange warten.
Sie muss so schnell wie möglich in
die Geburtsgrotte", übersetzt Mia für
die anderen.
In diesem Moment werden die drei
Freunde und Lyria von einem heftigen
Windstoß erfasst. Mia sieht zum
Himmel. Wo kommt denn auf einmal
dieser Sturm her?

Der große Bruder

Alle drei Freunde starren in den Himmel.
Nur Lyria bleibt ruhig. Als sich die
Wolken teilen, weiß Mia, warum.
Ein geflügeltes Einhorn schwebt zur
Erde herab. Mia erkennt ihren Liebling
erst kurz vor der Landung. Er ist so
groß geworden. Aber Lyria hat ihren
Sohn natürlich längst gewittert.
„Onchao, sieh mal einer an! Du wirst
immer stärker", ruft Mia begeistert.
Onchao ist Lyrias und Onos Sohn.
Genau wie sein Vater Ono hat er Flügel.
Außerdem hat er ein goldenes Horn
mit magischen Kräften.
Das Einhorn landet neben Mia.

Mia muss sich richtig strecken, um ihn
umarmen zu können. Dabei kommt es
ihr wie gestern vor, dass sie wegen ihm
in der Geburtsgrotte waren.
Onchao trabt zu seiner Mutter. Die
beiden Tiere kreuzen ihre Hörner.

Mia kann spüren, wie stolz Lyria auf
ihren Großen ist.

„Du wirst ein guter Beschützer sein
für dein kleines Geschwisterchen",
glaubt auch Mia. Dann stutzt sie.
„Moment mal, klein …?"
Der Spruch des heutigen Orakels
ist ihr wieder eingefallen.
Leise murmelt Mia ihn noch einmal
vor sich hin:
„Kümmere dich um das Kleine,
tapfer und froh,
überrascht es mit Kräften
so mächtig und roh."
Mo und Yuko sehen ihre Freundin
verwirrt an.
„So lautet das neue Orakel", erklärt Mia.
„Dabei geht es um das Baby, oder?",
fragt Mia in die Runde.

Yuko zuckt mit den Schultern.

„Aber … Was sollen das für Kräfte
sein?", rätselt sie.

Einen Moment lang denken die drei
Freunde schweigend nach. Dann reißt
ein **Wiehern** sie aus ihren Gedanken.

„Lyria!", ruft Mo, als hätte er das Einhorn
vollkommen vergessen. „Ich glaube, das
Baby meldet sich gerade."

Mia nickt. Sie hat Lyria verstanden.

„Richtig", bestätigt sie, „und es wird
kein neues Baby geben, wenn wir uns
nicht langsam auf den Weg machen."

Mia klopft dem geflügelten Einhorn
zärtlich auf den Rücken. „Zeig uns den
Weg, Onchao!"

Ungeheure Kräfte

Langsam setzen sich alle in Bewegung.
Stolz schreitet Onchao voran. Das
Lob von Mia hat ihm sichtlich gutgetan.
Wenn sein Vater Ono nicht da ist, muss
er seine Mutter beschützen. Sie ist ja
im Moment ziemlich wehrlos.
Doch so wachsam Onchao auch ist, alle
Gefahren kann er nicht ausschalten.
Aus der Ferne beobachtet ihn
Gargona mit ihrem Fernglas.
Die Dunkelelfe hat es auf etwas ganz
Bestimmtes abgesehen.
„Ah! Das Einhorn mit dem goldenen
Horn …", säuselt sie leise.

Sie springt von ihrem Ausguck hinter der Gruppe auf den Weg. Gargona schüttelt sich. Onchao ist zum Greifen nah. Aber gegen drei Elfen und zwei Einhörner kommt selbst die Dunkelelfe nicht so leicht an.

„Wieso, wieso, wieso können sie dieses vermaledeite Biest nicht mal für eine Sekunde allein lassen? Es ist, als ob sie mich ärgern wollen!", flucht sie in sich hinein.

Was als nächstes passiert, bemerkt Gargona allerdings nicht. Auch Mia und ihre Freunde haben keine Ahnung, was in Onchao vorgeht.

Mitten im Schritt stoppt Onchao. Sein goldenes Horn leuchtet auf.

Das ist nun schon ein paar Mal in letzter Zeit vorgekommen. Und dann passierte

immer etwas Besonderes. Onchao wiehert, dann biegt er vom Weg ab und trabt in einen nahen Wald.

„Onchao?", hört er Mia in der Ferne rufen.

Dann Yuko: „Was ist denn mit ihm?"
Onchao bleibt stehen. Das weiß er ja selbst nicht!

Er beugt seinen Kopf und berührt einen Busch mit seinem Horn. Augenblicklich brennt er lichterloh, bis nur noch Asche übrig ist.

Onchao schluckt. Er hat irgendwelche unbekannten Kräfte in sich, die nur Zerstörung mit sich bringen!

Beschämt schleicht das Einhorn davon. Lange betrachtet Onchao sein Spiegelbild in einer Pfütze. Er sieht aus wie immer. Schließlich reißt ihn ein Summen aus seinen dunklen Gedanken. Mia hat ihn gefunden.

„Onchao, geht es dir gut?",
fragt sie besorgt.

Onchao schnaubt erleichtert. Mias Hand auf seinem Rücken fühlt sich gut an. Aber seine Sorgen kann sie ihm nicht nehmen.

Deshalb tut Onchao etwas, was er sonst niemals macht: Er schwindelt seine Elfenfreundin an.

„Du hast eine **Schlange** gesehen?", wiederholt Mia ungläubig. „Wirklich?"

Onchao nickt. Doch er weiß, dass Mia ihn viel zu gut kennt. Sie durchschaut die Lüge. Aber sein Geheimnis kann er so für sich behalten. Hoffentlich …

Hallo, kleines Einhorn

Kurz darauf haben Onchao und Mia die Gruppe wieder eingeholt. Die Schritte von Lyria werden immer kürzer. Es dauert nun wirklich nicht mehr lang. Yuko und Mo gehen ganz dicht neben ihr. Yuko legt ihre Hand auf Lyrias Rücken. So gibt sie dem Einhorn Mut, damit es die letzten Meter schafft.
Plötzlich bleiben alle stehen.
Vor ihnen liegt ein kleiner Hügel. Rundherum stehen Bäume, Blumen in allen Farben blühen darauf. Man muss schon ganz genau hinsehen, um das Loch im Hügel zu sehen. Das ist der Eingang zu einer unterirdischen Höhle.

Hunderte von Einhorn-Müttern sind diesen Weg bereits gegangen. Kurze Zeit später kamen sie dann erschöpft, aber glücklich wieder ans Tageslicht. Und neben ihnen sprangen ihre Einhornfohlen herum.

Mia holt tief Luft. Ja, es ist wirklich ein ganz besonderer, magischer Ort.

„Da ist sie: die Geburtsgrotte", sagt Yuko feierlich.

Mia muss lachen.

„Als wir das letzte Mal hier waren, kamen wir mit diesem netten Kerlchen wieder raus", erinnert Mia sich. Sie legt die Hand an Onchaos Hals.

Onchao reckt stolz den Kopf in die Höhe und wiehert. Seine Mutter sieht zu ihm. Lyrias Augen sind voller Liebe für ihren Erstgeborenen. Jetzt aber wird sie von ihrem zweiten Kind gefordert.

Ungeduldig scharrt sie mit dem Huf
im Gras.

„Wir sollten jetzt reingehen, denke ich",
findet auch Prinz Mo.

Onchao schnaubt. Er ist es, der
vorangeht. Majestätisch schreitet er
durch den engen Gang in die Grotte.
Mias Herz klopft wild. Die nächsten
Minuten werden so unglaublich
aufregend. Das weiß sie jetzt schon.
Mo flüstert ehrfurchtsvoll: „Wieder
ein wunderschönes Baby-Einhorn.
Wir freuen uns so für dich, Lyria."
Lyria sammelt ihre letzte Kraft. Es sind
nun nur noch ein paar Meter. Mia kann
das Wasser der Grotte schon riechen.
„Ich gehe jede Wette ein, dass es ein
Mädchen wird", ist sich Yuko sicher. Ihre
Worte hallen von den Wänden wider.

Die drei Freunde und die beiden Einhörner betreten nun eine riesige Höhle. In der Mitte liegt ein See. Das Wasser ist sehr ruhig. Als Mia die große Muschel in der Mitte sieht, schlägt ihr Herz noch schneller.
Sie erinnert sie haargenau an alles, was damals hier passierte. Damals, am ersten Tag von Onchaos Leben. Kaum stehen sie am Ufer, erscheint auch schon das Wasser-Einhorn. Es ist eines der Element-Einhörner und sehr mächtig. Hier unten beschützt es die Mamas während der Geburten.
Wiehernd begrüßt es Lyria. Dann schwimmt es zu der Muschel. Die ist weit geöffnet.

Das Wassereinhorn schiebt die Muschel
ans Ufer. Lyria verabschiedet sich von
Onchao. Dann macht sie einen großen
Schritt in die Muschel hinein.
Die Muschel schließt sich und treibt
langsam zur Mitte des Sees zurück.
Mia, Mo und Yuko halten die Luft an,
so gerührt sind sie.
„Es gibt Dinge, von denen hat man
niemals genug. Und das hier ist
besser als all diese Dinge zusammen",
sagt Mia leise.
Dann schweigen alle. Zum Glück
müssen sie nicht lange warten.

Nur kurze Zeit später öffnet sich die Muschel wieder. **Goldenes** Licht blendet die Elfen. Als sie die Augen wieder öffnen können, kriegen sie kein Wort mehr heraus. Neben Lyria liegt ein kleines, **rosafarbenes** Bündel. Vorsichtig hebt es den Kopf. Yuko hatte recht: Onchao hat tatsächlich eine kleine **Schwester** bekommen!

Die kleine Schwester

Langsam treibt die geöffnete Muschel zum Ufer zurück. Mia, Mo, Yuko und Onchao bekommen keinen Ton heraus. Alle sind sehr gerührt. Dann bricht das kleine Fohlen selbst das Schweigen. Mit wackeligen Beinen steht es langsam auf. Dann begrüßt es mit einem Wiehern die Welt.

Auch Lyria wiehert, sie hat den Elfen etwas mitzuteilen.

„Kyara?", fragt Mia nach. Lyria wiehert erneut.

„Sie sagt, ihr Name ist Kyara", wiederholt Mia.

In diesem Moment breitet Kyara ihre Flügel aus.

Auch sie hat diese Besonderheit von
ihrem Vater Ono geerbt. Und auf ihrer
Stirn glänzt ein **goldenes Horn**.
„Jep! Sie ist ganz sicher Onchaos
Schwester", sagt Yuko lachend.
Mit einem **Hopser** kommt das Fohlen
an Land. Lyria folgt ihr. Dort dreht
sie sich noch einmal um. Das Wasser-
Einhorn blickt aus der Tiefe des Sees
zu ihr hinauf. Ihre Blicke kreuzen sich.

Dieser Blick sagt mehr als tausend
Worte. Lyria dankt dem Element-Einhorn
für den Schutz in der Geburtsgrotte.
Kyara hingegen ist das viel zu feierlich.
Sie will lieber spielen. Mit ihrem
goldenen Horn macht sie Jagd auf
Onchaos Flügel.

Alle lachen, so niedlich ist das.

„Gewöhn dich besser daran, dass da jetzt ein Mädchen herumwuselt", sagt Mia.

Mo allerdings beginnt zu grübeln.

„Ich dachte gerade an das Orakel", erklärt er seinen Freunden. „Kyara ist wirklich sehr klein. Wie soll etwas so Liebenswertes über solche rohen Kräfte verfügen?"

Mia nickt. „Du hast recht. Das Orakel muss etwas anderes meinen", murmelt sie in sich hinein.

Langsam verlassen alle die Grotte. Draußen weiß Kyara gar nicht, wohin sie zuerst springen soll. Alles hier ist neu für sie. Neugierig beschnuppert sie alles.

Doch nicht alles ist ungefährlich in Centopia. Hoch über der Grotte lehnt Gargona an einem runden Felsen. Mit einem Fernglas beobachtet sie den Ausgang der Grotte.

„Na, endlich!", grummelt die Dunkelelfe. Aber dann ändert sich Gargonas Laune sofort – sie hat Kyara entdeckt. Gargona will nichts mehr, als ein goldenes Horn. Bisher hatte nur Onchao eines. Aber mit Kyaras Geburt haben sich die Chancen auf ein goldenes Horn verdoppelt!

Die Erde bebt

Onchao betrachtet seine kleine
Schwester mit gemischten Gefühlen.
Er freut sich sehr, nun ein großer
Bruder zu sein. Aber seine neuen
Kräfte machen ihm Angst. Hoffentlich
werden sie diesem kleinen Wesen
nicht schaden.
Als Onchao aus der Höhle tritt, blinkt
sein Horn erneut. Sein Vorderhuf
zittert heftig. Onchao hebt sein Bein
und tippt vorsichtig mit dem Huf auf
den Boden. Der Fels unter ihm
spaltet sich. Onchao bekommt
einen Riesenschreck.

„Beeil dich, Onchao, deine kleine
Schwester will mit dir spielen",
ruft Mia ihm zu. Doch Onchao hört
nicht auf sie. Er breitet seine Flügel
aus und flieht.

Die drei Elfen haben keine Ahnung,
was in Onchao vorgeht. Mia will es
herausfinden. Sie folgt dem Einhorn.

Nur wenige Meter von Gargona entfernt,
landet Onchao. Schnell versteckt
sich die Dunkelelfe hinter dem runden
Felsen.

Mia stellt Onchao sofort zur Rede.
„Hey mein Kleiner, was ist denn los?",
will sie wissen.

Onchao wendet sich von ihr ab.
Er tut so, als wäre alles in Ordnung.
Aber Mia kennt ihn viel zu gut.
„Irgendwas ist mit dir", drängelt sie.

„Wie soll ich dir denn helfen, wenn
du mir nichts sagst?"
Onchao wirft den Kopf in den Nacken
und wiehert. Dann gibt er seinen
Widerstand auf. Er legt seinen Hals auf
Mias Schulter.
Ein paar Herzschläge lang **schmusen**
die beiden. Danach kann Onchao Mia
von seinen Sorgen erzählen.
Er stampft mit dem Huf auf. Sofort
spaltet sich der Fels, auf dem die
beiden stehen. Der Spalt zieht sich
immer weiter den Berg hinauf.
„Wow, okay. Das ist neu", stammelt Mia.
„Gut oder schlecht, das finden wir
heraus. Du und ich: die besten Freunde,
richtig?"

Onchao lässt ein tiefes Wiehern hören.
Eine große Last fällt ihm vom Herzen.
Geteilte Sorgen sind halbe Sorgen, das
spürt er deutlich.
Dann aber spüren beide noch etwas:
Das Stampfen von Onchao hat den
runden **Fels** über ihnen ins Rollen
gebracht.
Unaufhaltsam rollt er an Mia und
Onchao vorbei ins Tal. Mia hält
erschrocken den Atem an: Der Fels
rast genau auf Lyria und Kyara zu!

Kräfte, so mächtig und roh

Yuko und Mo spüren, wie die Erde unter ihren Füßen bebt. Als sie sich umschauen, entdecken sie den Fels.
„Passt auf!", ruft Mo.
Lyria und Kyara retten sich im letzten Moment in die Höhle. Der Fels bleibt im Eingang zur Grotte stecken. Die beiden Einhörner sind gefangen. So sehr sie auch von innen drücken, der Brocken bewegt sich keinen Millimeter.
Mia und Onchao landen nun auch an der Unglücksstelle.
„Kyara, geht es dir gut?", ruft Mia aufgeregt. Als sie Lyria wiehern hören, entspannen sich alle ein wenig.

Zum Glück sind beide unverletzt. Nun versuchen die Elfen den Felsbrocken zur Seite zu rollen, doch er ist viel zu schwer.

„Beweg dich, du dummer Fels!", schimpft Yuko. Aber natürlich bewegt der Brocken sich kein Stück.

Mia dreht sich zu Onchao um.

Ihr Liebling ist geknickt. Seine neuen Kräfte haben nur Unglück gebracht.

Mia allerdings geht ein Licht auf.
„Überrascht es mit Kräften, so mächtig
und roh …", wiederholt sie den letzten
Teil des Orakels. Dann lacht sie auf.
„Onchao, du bist das Kleine,
nicht Kyara. Du kannst sie retten",
feuert Mia ihn an.
„Was? Wie denn das?",
wundert Mo sich.

Onchao sieht sich unsicher um. Ob Mia recht hat? Bisher hat er immer nur schöne Dinge kaputt gemacht. Aber er könnte ja auch …

Onchao hebt seinen Kopf. Seine Augen strahlen nun wieder. Mia kann es ihm ansehen: Onchao hat neuen **Mut**. Und er wird es schaffen, da ist sie sich sicher!

Mit langen Schritten läuft Onchao zu der verschlossenen Grotte.

Dort angekommen steigt er auf die Hinterläufe. Dann lässt er seine Vorderhufe auf den Boden **krachen**. Die Erde zittert. Ein großer Spalt zieht sich über den Boden, genau auf die Grotte zu. Nun erreicht er auch den Felsbrocken vor dem Eingang.

Eins, zwei, drei Sekunden lang bebt er.
Dann **zersplittert** der Fels in tausend
Teile.

Als der Staub sich verzieht, traben Lyria
und Kyara ins Freie.

„Siehst du?", lobt Mia. „Es ist etwas
Gutes!"

Onchao wiehert zustimmend. Seine
Mutter legt ihren Kopf an seinen. Die
größte Belohnung für den Helden ist
aber Kyaras Blick.

Voller **Stolz** sieht sie zu ihrem großen,
starken, tapferen Bruder auf.

Eine neue Freundin

Auf dem Rückweg führt Onchao die Gruppe an. Langsam, damit auch Kyara mitkommt, laufen sie zur Lichtung der Einhörner. Als sie dort ankommen, steigen alle Einhörner auf die Hinterbeine. So begrüßen sie die Tochter ihres Anführers.
Auch König Raynor und Königin Mayla sind mit ihrem Ballonthron auf der Lichtung.
Als Mia, Mo, Yuko und die Einhörner am Ballonthron ankommen, werden ihre Haare vom Wind erfasst.
Ono landet zwischen den Elfen und seiner Familie.

Kyara versteckt sich erschrocken hinter
Mia. Doch Mia schiebt sie vorsichtig auf
Ono zu.

„Das ist dein Vater", verrät Mia. „Er will
dich willkommen heißen!"

Da hopst Kyara aufgeregt zu ihm. Wo
immer ihre Hufe den Boden berühren,
sprießen Blumen in die Höhe. Auch
Onchao kann das wieder. Er hat gelernt,
seine neuen Kräfte zu kontrollieren.

Zur Feier des Tages zündet der Pan Phuddle ein Feuerwerk. Er steht am Rand der Lichtung und fragt sich: „Ein Mädchen oder ein rosa Junge? Oh, Krutzelschnurz, es ist kaum zu erkennen."

Kyara erschreckt sich zwar ein wenig beim Knall, doch dann zerplatzt die Rakete am Himmel und Hunderte von Blüten regnen auf die Einhörner hinab.

„Na, Kleine? Ich würde sagen, das war eine ziemlich gute Party", stellt Yuko fest. „Und das an deinem ersten Tag in deinem Leben."

Königin Mayla streicht dem kleinen Einhorn über den Kopf. „Mögen noch viele wunderbare Tage folgen", wünscht sie.

König Raynor lächelt. „Wieso sollten sie denn nicht?", fragt er lachend.

„Ich meine, mit solch einem Bruder und solchen Freunden."

Mia lächelt auch. Dazu ist einfach nichts mehr hinzuzufügen.

Passend beginnt ihr Armreif zu blinken. Für heute ist Mias Zeit in Centopia vorbei. Doch Mia weiß genau, schon bald wird sie alle ihre Freunde wiedersehen. Die alten, aber auch die neuen.

„Du wirst doch auf deine kleine Schwester aufpassen, oder?", fragt Mia zum Abschied. „Ich verlass mich auf dich."

Schließlich treibt sich Gargona immer noch in Centopia herum. Das bereitet Mia große Sorgen.

Onchao wiehert.

Ja, Mia und Kyara können sich auf
ihn verlassen!

„Bleib aber nicht zu lange weg",
bittet Yuko.

Mia schüttelt den Kopf. Dann hat sie
noch kurz Zeit, ihren Arm lang
auszustrecken. Mo und Yuko tun es
ihr gleich. Als sie sich berühren, blitzen
ihre Freundschaftsringe auf.

Einfach magisch!

„Alle für einen und einer für alle!",
ruft Mo den passenden Spruch dazu.
Mia nickt. Dann wird sie vom
Strudel ergriffen, der sie in die
Menschenwelt zurückbringt.

Dort ist kaum Zeit vergangen. Doch als
Mia im Stall landet, ist sie nicht allein mit
dem ausgebüxten Pferd. Das Mädchen
aus dem Gemüsegarten ist auch da.
Erschrocken dreht es den Kopf zu Mia.
Mia wundert sich. Warum trägt das
Mädchen auch hier drin noch ihre dunkle
Sonnenbrille?
„Wer bist du?", will sie wissen.
„Versteckst du dich etwa in meiner
Scheune?"

Mia klettert aus dem Heuhaufen, in dem
sie gelandet ist. Ich versteck mich nicht",
verteidigt Mia sich. „Ich hab nur nach
dem Pferd gesucht, das du angeblich
nicht gesehen hast!"
Das Mädchen hält den Kopf schief.
„Ich habe es auch nicht gesehen.
Ich bin blind. War dir das nicht klar?",
erklärt sie.

Jetzt ist Mia nicht mehr sauer auf sie, klar.

„Ich bin Mia", stellt sie sich vor. Das Mädchen heißt Sara und das Pferd Peppino. In diesem Moment klingelt Mias Handy. Es ist ihre Tante.

„Hey, Annie. Ich hab beim Buchen einen ziemlich dummen Fehler gemacht. Falsches Datum", erklärt Mia geknickt.

„Ja klar. Aber ich weiß nicht, wo ich übernachten soll. Die Ferien sind jedenfalls für mich gelaufen …"

Annie verspricht, Mia so schnell wie möglich abzuholen.

Doch Sara hat das Gespräch mit angehört.

„Wenn du willst, kannst du hierbleiben bei Peppino und mir", schlägt sie vor.

Mia traut ihren Ohren kaum. „Wirklich?"

Sara nickt. „Wirklich", bestätigt sie.

„Wir haben keinen Plan für den Sommer. Und mit einem Mädchen, das Pferde mag, da kann man nur Spaß haben."

Mia lacht. „Okay. Ich meine, ja, großartig!", freut sie sich. Schnell sagt sie ihrer Tante wieder ab.

„Heute Nacht schlafen wir auf dem Heuboden", beschließt Sara.

„Es sei denn, du hast ein Problem, dass Peppino hier ist. Oh, und ein paar Mäuse."

Mia kann nicht anders, sie fällt ihrer neuen Freundin um den Hals.

„Das klingt wie die Ferien, die ich immer wollte", jubelt Mia. Alles hat sich zum Besten gewendet, in Centopia, aber auch in der Menschenwelt. Vielleicht werden es ja doch noch die besten Ferien aller Zeiten.

Geburtsgrotte
(Wasser-Einhorn)

Elfenkrater und Elfenpalast

Einhornwiese (Farngrasherde)
Hier sind Lyria und Onchao mit
ihrer Herde oft zu finden.

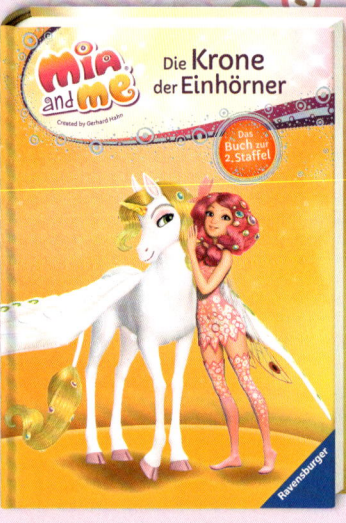

Mia and me: Ankunft in Centopia

Als Mia im Internat ankommt, ahnt sie noch nicht, wie sehr sich ihr Leben verändern wird. Noch am selben Tag reist sie zum ersten Mal in das magische Land Centopia. Dort trifft sie auf Pane, Elfen und sogar Einhörner. Doch die Einhörner sind in Gefahr! Können Mia und ihre neuen Freunde die böse Königin Panthea aus Centopia vertreiben?

Mit Bildern aus der Serie.

ISBN 978-3-473-**49153**-7

Mia and me: Die Krone der Einhörner

Die Zirkusinsel Funtopia landet an den Ufern Centopias. Mia und ihre Freunde sind misstrauisch: Was führt der Zirkusdirektor im Schilde? Gemeinsam mit Onchao machen sich Mia und ihre Freunde auf die Suche nach Onchaos Vater Ono, dem König der Einhörner. Nur mit seiner Hilfe können Sie den Bann des Zirkusdirektors brechen.

Mit Bildern aus der Serie.

ISBN 978-3-473-**49167**-4

Noch mehr
Abenteuer
in Centopia!

Mia and me: Das Herz von Centopia

Eine gefährliche Pflanze droht, ganz Centopia zu überwuchern und seine Bewohner in ewigen Schlaf zu versetzen. Nur ein Kristall, genannt „Das Herz von Centopia", kann das Gift der Pflanze wirkungslos machen. Werden Mia, Yuko und Mo alle Teile des Kristalls rechtzeitig finden?

Mit Bildern aus der Serie.

ISBN 978-3-473-**49175**-9